ESTE LIBRO

pertenece a

_____

A pesar de que estás creciendo,

nunca dejes de divertirte.

NINA DOBREV

Nombre de los Invitados

_____

_____

_____

_____

CONSEJOS Y DESEOS

_____

_____

_____

_____

_____

Nombre de los Invitados

_____

_____

_____

_____

CONSEJOS Y DESEOS

_____

_____

_____

_____

_____

Nombre de los Invitados

_____

_____

_____

_____

CONSEJOS Y DESEOS

_____

_____

_____

_____

_____

Nombre de los Invitados

_____

_____

_____

_____

CONSEJOS Y DESEOS

_____

_____

_____

_____

Nombre de los Invitados

CONSEJOS Y DESEOS

Nombre de los Invitados

_____

_____

_____

CONSEJOS Y DESEOS

_____

_____

_____

_____

_____

Nombre de los Invitados

_____

_____

_____

_____

CONSEJOS Y DESEOS

_____

_____

_____

_____

_____

Nombre de los Invitados

CONSEJOS Y DESEOS

Nombre de los Invitados

_____

_____

_____

_____

CONSEJOS Y DESEOS

_____

_____

_____

_____

_____

Nombre de los Invitados

CONSEJOS Y DESEOS

Nombre de los Invitados

_____

_____

_____

_____

CONSEJOS Y DESEOS

_____

_____

_____

_____

_____

Nombre de los Invitados

CONSEJOS Y DESEOS

Nombre de los Invitados

_____

_____

_____

_____

CONSEJOS Y DESEOS

_____

_____

_____

_____

_____

Nombre de los Invitados

CONSEJOS Y DESEOS

Nombre de los Invitados

CONSEJOS Y DESEOS

Nombre de los Invitados

_____

_____

_____

_____

CONSEJOS Y DESEOS

_____

_____

_____

_____

_____

Nombre de los Invitados

CONSEJOS Y DESEOS

Nombre de los Invitados

_____

_____

_____

_____

CONSEJOS Y DESEOS

_____

_____

_____

_____

Nombre de los Invitados

_____

_____

_____

CONSEJOS Y DESEOS

_____

_____

_____

_____

Nombre de los Invitados

_____

_____

_____

_____

CONSEJOS Y DESEOS

_____

_____

_____

_____

Nombre de los Invitados

_____

_____

_____

_____

CONSEJOS Y DESEOS

_____

_____

_____

_____

_____

Nombre de los Invitados

CONSEJOS Y DESEOS

Nombre de los Invitados

_____

_____

_____

CONSEJOS Y DESEOS

_____

_____

_____

_____

_____

Nombre de los Invitados

_____

_____

_____

_____

CONSEJOS Y DESEOS

_____

_____

_____

_____

Nombre de los Invitados

_____

_____

_____

_____

CONSEJOS Y DESEOS

_____

_____

_____

_____

_____

_____

Nombre de los Invitados

_____

_____

_____

_____

CONSEJOS Y DESEOS

_____

_____

_____

_____

_____

Nombre de los Invitados

_____

_____

_____

_____

CONSEJOS Y DESEOS

_____

_____

_____

_____

_____

Nombre de los Invitados

CONSEJOS Y DESEOS

Nombre de los Invitados

CONSEJOS Y DESEOS

Nombre de los Invitados

CONSEJOS Y DESEOS

Nombre de los Invitados

CONSEJOS Y DESEOS

Nombre de los Invitados

_____

_____

_____

_____

CONSEJOS Y DESEOS

_____

_____

_____

_____

_____

Nombre de los Invitados

_____

_____

_____

_____

CONSEJOS Y DESEOS

_____

_____

_____

_____

_____

Nombre de los Invitados

_____

_____

_____

_____

CONSEJOS Y DESEOS

_____

_____

_____

_____

_____

Nombre de los Invitados

CONSEJOS Y DESEOS

Nombre de los Invitados

_____

_____

_____

_____

CONSEJOS Y DESEOS

_____

_____

_____

_____

Nombre de los Invitados

_____

_____

_____

_____

CONSEJOS Y DESEOS

_____

_____

_____

_____

_____

Nombre de los Invitados

_____

_____

_____

CONSEJOS Y DESEOS

_____

_____

_____

_____

Nombre de los Invitados

_____

_____

_____

_____

CONSEJOS Y DESEOS

_____

_____

_____

_____

_____

Nombre de los Invitados

_____

_____

_____

_____

CONSEJOS Y DESEOS

_____

_____

_____

_____

_____

Nombre de los Invitados

_____

_____

_____

_____

CONSEJOS Y DESEOS

_____

_____

_____

_____

_____

_____

Nombre de los Invitados

_____

_____

_____

_____

CONSEJOS Y DESEOS

_____

_____

_____

_____

_____

Nombre de los Invitados

_____

_____

_____

_____

CONSEJOS Y DESEOS

_____

_____

_____

_____

_____

Nombre de los Invitados

_____

_____

_____

_____

CONSEJOS Y DESEOS

_____

_____

_____

_____

_____

Nombre de los Invitados

CONSEJOS Y DESEOS

Nombre de los Invitados

CONSEJOS Y DESEOS

Nombre de los Invitados

_____

_____

_____

_____

CONSEJOS Y DESEOS

_____

_____

_____

_____

_____

Nombre de los Invitados

_____

_____

_____

_____

CONSEJOS Y DESEOS

_____

_____

_____

_____

_____

Nombre de los Invitados

CONSEJOS Y DESEOS

Nombre de los Invitados

_____

_____

_____

_____

CONSEJOS Y DESEOS

_____

_____

_____

_____

Nombre de los Invitados

_____

_____

_____

_____

CONSEJOS Y DESEOS

_____

_____

_____

_____

_____

_____

Nombre de los Invitados

CONSEJOS Y DESEOS

Nombre de los Invitados

CONSEJOS Y DESEOS

Nombre de los Invitados

_____

_____

_____

_____

CONSEJOS Y DESEOS

_____

_____

_____

_____

_____

Nombre de los Invitados

_____

_____

_____

_____

CONSEJOS Y DESEOS

_____

_____

_____

_____

_____

_____

Nombre de los Invitados

_____

_____

_____

_____

CONSEJOS Y DESEOS

_____

_____

_____

_____

_____

Nombre de los Invitados

CONSEJOS Y DESEOS

Nombre de los Invitados

CONSEJOS Y DESEOS

Nombre de los Invitados

_____

_____

_____

_____

CONSEJOS Y DESEOS

_____

_____

_____

_____

_____

Nombre de los Invitados

CONSEJOS Y DESEOS

Nombre de los Invitados

CONSEJOS Y DESEOS

Nombre de los Invitados

CONSEJOS Y DESEOS

Nombre de los Invitados

CONSEJOS Y DESEOS

Nombre de los Invitados

CONSEJOS Y DESEOS

Nombre de los Invitados

CONSEJOS Y DESEOS

Nombre de los Invitados

CONSEJOS Y DESEOS

Nombre de los Invitados

_____

_____

_____

_____

CONSEJOS Y DESEOS

_____

_____

_____

_____

_____

Nombre de los Invitados

_____

_____

_____

_____

CONSEJOS Y DESEOS

_____

_____

_____

_____

_____

Nombre de los Invitados

_____

_____

_____

_____

CONSEJOS Y DESEOS

_____

_____

_____

_____

_____

Nombre de los Invitados

_____

_____

_____

_____

CONSEJOS Y DESEOS

_____

_____

_____

_____

_____

Nombre de los Invitados

_____

_____

_____

_____

CONSEJOS Y DESEOS

_____

_____

_____

_____

_____

Nombre de los Invitados

CONSEJOS Y DESEOS

Nombre de los Invitados

_____

_____

_____

_____

CONSEJOS Y DESEOS

_____

_____

_____

_____

_____

Nombre de los Invitados

CONSEJOS Y DESEOS

Nombre de los Invitados

CONSEJOS Y DESEOS

Nombre de los Invitados

CONSEJOS Y DESEOS

Nombre de los Invitados

CONSEJOS Y DESEOS

Nombre de los Invitados

CONSEJOS Y DESEOS

Nombre de los Invitados

CONSEJOS Y DESEOS

Nombre de los Invitados

_____

_____

_____

_____

CONSEJOS Y DESEOS

_____

_____

_____

_____

_____

Nombre de los Invitados

_____

_____

_____

CONSEJOS Y DESEOS

_____

_____

_____

_____

_____

Nombre de los Invitados

_____

_____

_____

_____

CONSEJOS Y DESEOS

_____

_____

_____

_____

_____

Nombre de los Invitados

_____

_____

_____

_____

CONSEJOS Y DESEOS

_____

_____

_____

_____

_____

Nombre de los Invitados

_____

_____

_____

_____

CONSEJOS Y DESEOS

_____

_____

_____

_____

_____

Nombre de los Invitados

CONSEJOS Y DESEOS

Nombre de los Invitados

CONSEJOS Y DESEOS

Nombre de los Invitados

_____

_____

_____

_____

CONSEJOS Y DESEOS

_____

_____

_____

_____

_____

Nombre de los Invitados

_____

_____

_____

_____

CONSEJOS Y DESEOS

_____

_____

_____

_____

Nombre de los Invitados

_____

_____

_____

_____

CONSEJOS Y DESEOS

_____

_____

_____

_____

_____

Nombre de los Invitados

CONSEJOS Y DESEOS

Nombre de los Invitados

CONSEJOS Y DESEOS

Nombre de los Invitados

_____

_____

_____

_____

CONSEJOS Y DESEOS

_____

_____

_____

_____

_____

Nombre de los Invitados

CONSEJOS Y DESEOS

Nombre de los Invitados

_____

_____

_____

_____

CONSEJOS Y DESEOS

_____

_____

_____

_____

_____

Nombre de los Invitados

_____

_____

_____

_____

CONSEJOS Y DESEOS

_____

_____

_____

_____

_____

Nombre de los Invitados

_____

_____

_____

_____

CONSEJOS Y DESEOS

_____

_____

_____

_____

_____

Nombre de los Invitados

_____

_____

_____

_____

CONSEJOS Y DESEOS

_____

_____

_____

_____

_____

Nombre de los Invitados

CONSEJOS Y DESEOS

Nombre de los Invitados

_____

_____

_____

_____

CONSEJOS Y DESEOS

_____

_____

_____

_____

_____

Nombre de los Invitados

_____

_____

_____

_____

CONSEJOS Y DESEOS

_____

_____

_____

_____

Nombre de los Invitados

_____

_____

_____

_____

CONSEJOS Y DESEOS

_____

_____

_____

_____

_____

Nombre de los Invitados

CONSEJOS Y DESEOS

Nombre de los Invitados

_____

_____

_____

_____

CONSEJOS Y DESEOS

_____

_____

_____

_____

_____

Nombre de los Invitados

_____

_____

_____

CONSEJOS Y DESEOS

_____

_____

_____

_____

_____

Nombre de los Invitados

_____

_____

_____

_____

CONSEJOS Y DESEOS

_____

_____

_____

_____

_____

Nombre de los Invitados

CONSEJOS Y DESEOS

Nombre de los Invitados

CONSEJOS Y DESEOS

Nombre de los Invitados

CONSEJOS Y DESEOS

Nombre de los Invitados

_____

_____

_____

_____

CONSEJOS Y DESEOS

_____

_____

_____

_____

_____

Nombre de los Invitados

_____

_____

_____

_____

CONSEJOS Y DESEOS

_____

_____

_____

_____

_____

Nombre de los Invitados

_____

_____

_____

_____

CONSEJOS Y DESEOS

_____

_____

_____

_____

_____

Nombre de los Invitados

CONSEJOS Y DESEOS

Nombre de los Invitados

_____

_____

_____

_____

CONSEJOS Y DESEOS

_____

_____

_____

_____

_____

Nombre de los Invitados

_____

_____

_____

_____

CONSEJOS Y DESEOS

_____

_____

_____

_____

Nombre de los Invitados

_____

_____

_____

_____

CONSEJOS Y DESEOS

_____

_____

_____

_____

_____

Nombre de los Invitados

_____

_____

_____

_____

CONSEJOS Y DESEOS

_____

_____

_____

_____

_____

Registro de Regalos

INVITADO

REGALO

Registro de Regalos

INVITADO

REGALO

Registro de Regalos

INVITADO	REGALO

Registro de Regalos

INVITADO	REGALO

Registro de Regalos

INVITADO	REGALO

Registro de Regalos

INVITADO	REGALO

Registro de Regalos

INVITADO

REGALO

Registro de Regalos

INVITADO

REGALO

Registro de Regalos

INVITADO

REGALO

Made in the USA
Coppell, TX
10 February 2021